U0503308

海上絲綢之路基本文獻叢書

海運存稿（中）

〔清〕佚名 輯

文物出版社

圖書在版編目（CIP）數據

海運存稿．中／（清）佚名輯．-- 北京 ：文物出版社，2022.6
（海上絲綢之路基本文獻叢書）
ISBN 978-7-5010-7540-9

Ⅰ．①海… Ⅱ．①佚… Ⅲ．①海上運輸－交通運輸史－史料－中國－清代 Ⅳ．①F552.9

中國版本圖書館 CIP 數據核字（2022）第 065611 號

海上絲綢之路基本文獻叢書
海運存稿（中）

著　　者：〔清〕佚名
策　　划：盛世博閱（北京）文化有限責任公司

封面設計：鞏榮彪
責任編輯：劉永海
責任印製：張道奇

出版發行：文物出版社
社　　址：北京市東城區東直門内北小街 2 號樓
郵　　編：100007
網　　址：http://www.wenwu.com
郵　　箱：web@wenwu.com
經　　銷：新華書店
印　　刷：北京旺都印務有限公司
開　　本：787mm×1092mm　1/16
印　　張：14.125
版　　次：2022 年 6 月第 1 版
印　　次：2022 年 6 月第 1 次印刷
書　　號：ISBN 978-7-5010-7540-9
定　　價：98.00 圓

本書版權獨家所有，非經授權，不得複製翻印

總緒

海上絲綢之路，一般意義上是指從秦漢至鴉片戰争前中國與世界進行政治、經濟、文化交流的海上通道，主要分爲經由黄海、東海的海路最終抵達日本列島及朝鮮半島的東海航綫和以徐聞、合浦、廣州、泉州爲起點通往東南亞及印度洋地區的南海航綫。

在中國古代文獻中，最早、最詳細記載『海上絲綢之路』航綫的是東漢班固的《漢書·地理志》，詳細記載了西漢黄門譯長率領應募者入海『齎黄金雜繒而往』之事，書中所出現的地理記載與東南亞地區相關，并與實際的地理狀況基本相符。

東漢後，中國進入魏晉南北朝長達三百多年的分裂割據時期，絲路上的交往也走向低谷。這一時期的絲路交往，以法顯的西行最爲著名。法顯作爲從陸路西行到印度，再由海路回國的第一人，根據親身經歷所寫的《佛國記》（又稱《法顯傳》）一書，詳細介紹了古代中亞和印度、巴基斯坦、斯里蘭卡等地的歷史及風土人情，是瞭解和研究海陸絲綢之路的珍貴歷史資料。

隨着隋唐的統一，中國經濟重心的南移，中國與西方交通以海路爲主，海上絲綢之路進入大發展時期。廣州成爲唐朝最大的海外貿易中心，朝廷設立市舶司，專門管理海外貿易。唐代著名的地理學家賈耽（七三〇～八〇五年）的《皇華四達記》記載了從廣州通往阿拉伯地區的海上交通『廣州通夷道』，詳述了從廣州港出發，經越南、馬來半島、蘇門答臘半島至印度、錫蘭，直至波斯灣沿岸各國的航綫及沿途地區的方位、名稱、島礁、山川、民俗等。譯經大師義净西行求法，將沿途見聞寫成著作《大唐西域求法高僧傳》，詳細記載了海上絲綢之路的發展變化，是我們瞭解絲綢之路不可多得的第一手資料。

宋代的造船技術和航海技術顯著提高，指南針廣泛應用於航海，中國商船的遠航能力大大提升。北宋徐兢的《宣和奉使高麗圖經》詳細記述了船舶製造、海洋地理和往來航綫，是研究宋代海外交通史、中朝友好關係史、中朝經濟文化交流史的重要文獻。南宋趙汝適《諸蕃志》記載，南海有五十三個國家和地區與南宋通商貿易，形成了通往日本、高麗、東南亞、印度、波斯、阿拉伯等地的『海上絲綢之路』。宋代爲了加强商貿往來，於北宋神宗元豐三年（一〇八〇年）頒佈了中國歷史上第一部海洋貿易管理條例《廣州市舶條法》，并稱爲宋代貿易管理的制度範本。

元朝在經濟上採用重商主義政策，鼓勵海外貿易，中國與歐洲的聯繫與交往非常頻繁，其中馬可·波羅、伊本·白圖泰等歐洲旅行家來到中國，留下了大量的旅行記，記録元代海上絲綢之路的盛况。元代的汪大淵兩次出海，撰寫出《島夷志略》一書，記録了二百多個國名和地名，其中不少首次見於中國著録，涉及的地理範圍東至菲律賓群島，西至非洲。這些都反映了元朝時中西經濟文化交流的豐富内容。

明、清政府先後多次實施海禁政策，海上絲綢之路的貿易逐漸衰落。但是從明永樂三年至明宣德八年的二十八年裏，鄭和率船隊七下西洋，先後到達的國家多達三十多個，在進行經貿交流的同時，也極大地促進了中外文化的交流，這些都詳見於《西洋蕃國志》《星槎勝覽》《瀛涯勝覽》等典籍中。

關於海上絲綢之路的文獻記述，除上述官員、學者、求法或傳教高僧以及旅行者的著作外，自《漢書》之後，歷代正史大都列有《地理志》《四夷傳》《西域傳》《外國傳》《蠻夷傳》《屬國傳》等篇章，加上唐宋以來衆多的典制類文獻、地方史志文獻，集中反映了歷代王朝對於周邊部族、政權以及西方世界的認識，都是關於海上絲綢之路的原始史料性文獻。

海上絲綢之路概念的形成，經歷了一個演變的過程。十九世紀七十年代德國地理學家費迪南・馮・李希霍芬（Ferdinad Von Richthofen，一八三三～一九〇五），在其《中國：親身旅行和研究成果》第三卷中首次把輸出中國絲綢的東西陸路稱爲『絲綢之路』。有『歐洲漢學泰斗』之稱的法國漢學家沙畹（Édouard Chavannes，一八六五～一九一八），在其一九〇三年著作的《西突厥史料》中提出『絲路有海陸兩道』，蘊涵了海上絲綢之路最初提法。迄今發現最早正式提出『海上絲綢之路』一詞的是日本考古學家三杉隆敏，他在一九六七年出版《中國瓷器之旅：探索海上的絲綢之路》中首次使用『海上絲綢之路』一詞；一九七九年三杉隆敏又出版了《海上絲綢之路》一書，其立意和出發點局限在東西方之間的陶瓷貿易與交流史。

二十世紀八十年代以來，在海外交通史研究中，『海上絲綢之路』一詞逐漸成爲中外學術界廣泛接受的概念。根據姚楠等人研究，饒宗頤先生是華人中最早提出『海上絲綢之路』的人，他的《海道之絲路與昆侖舶》正式提出『海上絲路』的稱謂。選堂先生評價海上絲綢之路是外交、貿易和文化交流作用的通道。此後，大陸學者馮蔚然在一九七八年編寫的《航運史話》中，使用『海上絲綢之路』一詞，這是迄今學界查到的中國大陸最早使用『海上絲綢之路』的人，更多地限於航海活動領域的考察。一九八〇年北京大學陳炎教授提出『海上絲綢之路』研究，并於一九八一年發表《略論海上絲綢之路》一文。他對海上絲綢之路的理解超越以往，且帶有濃厚的愛國主義思想。陳炎教授之後，從事研究海上絲綢之路的學者越來越多，尤其沿海港口城市向聯合國申請海上絲綢之路非物質文化遺産活動，將海上絲綢之路研究推向新高潮。另外，國家把建設『絲綢之路經濟帶』和『二十一世紀海上絲綢之路』作爲對外發展方針，將這一學術課題提升爲國家願景的高度，使海上絲綢之路形成超越學術進入政經層面的熱潮。

與海上絲綢之路學的萬千氣象相對應，海上絲綢之路文獻的整理工作仍顯滯後，遠遠跟不上突飛猛進的研究進展。二〇一八年厦門大學、中山大學等單位聯合發起『海上絲綢之路文獻集成』專案，尚在醞釀當中。我們不揣淺陋，深入調查，廣泛搜集，將有關海上絲綢之路的原始史料文獻和研究文獻，分爲風俗物産、雜史筆記、海防海事、典章檔案等六個類别，彙編成《海上絲綢之路歷史文化叢書》，於二〇二〇年影印出版。此輯面市以來，深受各大圖書館及相關研究者好評。爲讓更多的讀者親近古籍文獻，我們遴選出前編中的菁華，彙編成《海上絲綢之路基本文獻叢書》，以單行本影印出版，以饗讀者，以期爲讀者展現出一幅幅中外經濟文化交流的精美畫卷，爲海上絲綢之路的研究提供歷史借鑒，爲『二十一世紀海上絲綢之路』倡議構想的實踐做好歷史的詮釋和注脚，從而達到『以史爲鑒』『古爲今用』的目的。

凡例

一、本編注重史料的珍稀性，從《海上絲綢之路歷史文化叢書》中遴選出菁華，擬出版百册單行本。

二、本編所選之文獻，其編纂的年代下限至一九四九年。

三、本編排序無嚴格定式，所選之文獻篇幅以二百餘頁爲宜，以便讀者閱讀使用。

四、本編所選文獻，每種前皆注明版本、著者。

五、本編文獻皆爲影印，原始文本掃描之後經過修復處理，仍存原式，少數文獻由於原始底本欠佳，略有模糊之處，不影響閱讀使用。

六、本編原始底本非一時一地之出版物，原書裝幀、開本多有不同，本書彙編之後，統一爲十六開右翻本。

目録

海運存稿（中）

海運存稿（中）

〔清〕佚名 輯

清咸豐七年鈔本

為劄行事查沙船八成載米二成載貨免稅其應給免單自咸豐四年起於驗米時立即照章當面給發五六兩年均照此辦理在案現屆驗收之際應由長蘆鹽政天津道將應給各該沙船免稅印單派委妥員帶赴水次呈交於查驗米色後由本部堂逐船當面給發倘沙船米石如有蒸熱等情尚須風晾將免單暫行扣留俟覆驗後再行給發其二成以外貨物仍查照咸豐四年奏案飭令照數納稅如查有關書人等藉端勒索即行從嚴究辦以重稅課而杜弊端相應劄行長蘆鹽政天津道江蘇糧道浙江糧道一體查照切切特劄

四月初五日劄

爲劄行事查經紀應領各項銀兩除箇兒錢由通給發外其飯米糧
色一半津貼銀兩前於咸豐四年辦理海運均經飭令坐糧廳包封
呈轅當堂給發在案原以經紀承運承交責有專屬所有應給銀兩
總宜核實辦理俾免經紀藉口吏胥剋扣致滋弊端合亟劄飭坐糧
廳將前項應給經紀銀兩按照每起米數數算明確於每起剝船開
行之前送轅呈驗並帶同承領經紀赴轅當堂承領以昭覈實特劄

四月初五日劄

為劄行事查北運河水勢向須二尺四寸方資浮送本部堂沿途[illegible]看水勢尚屬敷用惟横淺處所過多曾劄知該道嚴飭漕運通判督率汛弁實力刮挖何以横淺處所仍復不少且沿途刮板亦屬寥寥顯係該通判並不實力奉行現在海運南糧陸續抵津不日即須剝運合亟劄飭通永道嚴飭漕運通判督率汛弁加用刮板實力刮空多設標識倘剝船行走稍有阻滯查係何段汛地即將該汛弁並該通判立予懲辦決不寬貸仍飭各該汛弁遵照咸豐四年辦過成案將各段水勢若干按三日一次徑報行轅毋得遲違自干重咎切切

特劄

四月初五日劄

為劄行事照得海運沙船進口一經撥抵水次所有氣頭米石向俱預先起除並一律揭艙風晾以免蒸熱其艙底之米於起卸後全數空除歷經辦理在案此次氣頭艙底責成南局派員起除收買應令江浙糧道督飭局員於沙船抵次後認真辦理並令直隸總局派委妥員會同稽查照料毋任該沙船乘機攙和以重倉儲而杜弊混切切特劄

四月初五日劄

為劄行事查海運米石抵津查驗後監視斛收封艙記印以及沿[illegible]稽查段落各事宜應由直隸總局派委佐貳等官辦理並令稽查段落委員實力巡查每日將剝船經過入段出段時刻及剝船封條有無拆動情形一併查明開單具報至監視風晾兑交應令江浙糧道委員妥為經理相應劄飭直隸總局江蘇浙江糧道一體遵照切切特劄

四月初五日劄

爲劄行事查津次應送通壩米樣前於咸豐四年飭令坐糧廳改用
小黄布袋毋許吏役人等任意多取以示限制在案合行劄飭津坐
糧廳查照四年成案一律遵用小黄布袋每艙祇准裝樣米一袋不
准任意多取以免沙船藉口並劄知江浙兩局天津縣一體遵照毋
違特劄

四月初五日劄

為劄行事查大沽協副將呈報沙船進口是其專責乃咸豐四年該
協呈報進口船數比較直隸總局呈報抵次船數轉少該協駐劄海
口稽查彈壓責無旁貸若於進口船名米數呈報遺漏其非核實辦
公已可概見合亟劄飭大沽協副將於沙船進口時務須查驗明確
據實飛報行轅倘有遺漏舛錯本爵部堂定行參辦決不寬貸並劄知
直隸總局可也

四月初五日劄

為劄行事本轄堂訪聞津次卸米有包個責籌等弊真剝船掛號夾
載領旗封驗記印在在均有使費合亟劄行津坐糧廳天津道嚴密
訪查如有前項弊端即行詳報究辦以除弊竇而肅運務切切特劄
四月初五日劄

為劄行事照得經紀剝船業經本爵堂剴切出示曉諭毋許稍滋弊竇乃訪聞津次卸米有包個賣壽名目剝船受載有領旗掛號等費迨剝船行抵通州押差等費不一而足而經紀之需索尤甚其經紀運米到橋船到單房等項在在均須花費錢文如果屬實於運務大有關礙除津次各項使費劄行天津道查辦外合將通壩及閘橋使費名目錢數開單劄知通永道派委妥員嚴密訪查務得確情詳覆核辦毋得稍事徇隱含混稟復切切特劄

四月初五日劄

爲劄咨行事查剥船應需剥價飯米折色一半津貼等銀應由直隸總
局按起核明數目色封送轅當堂發給並於每船應得剥價等銀内
扣留銀四兩每起共扣銀四百兩分作十色粘貼天津道印封一併
呈轅查驗交押運員弁帶通呈交駐通驗米大臣倉場部堂查收如剥船米石
並無虧短即由通壩當堂補給倘有短少即查明剥船應賠米數押
令全數補足再行找給相應咨行駐通驗米大臣倉場部堂查照並劄知直隸
總局遵照辦理仍將每起官剥船頭姓名隨同色封銀兩按起開明
送轅以便粘連印牌由押運員弁呈交通壩查核至剥船食米並即
照案飭令另儲一艙以備抵通賠補短米之用可也

四月初五日行

為剥淞行事查咸豐四年辦理海運每起剥船赴通責成押運文武員弁沿途嚴密稽查如剥船有偷漏使水攙和等弊該員弁未經查出稟究將該員弁從嚴參辦仍責令於經紀剥船分賠十成之外罰交二成原所以示懲儆而專責成也合將牌票抄錄移咨駐通驗米大臣倉場部堂查照一一俟每起剥船抵通查無前項弊竇即批明查無弊竇字樣交該員弁回津繳銷再查四年押運委員有並不跟幫押運情事應令直隸總局傳知各該文武員弁務於剥船開行之日即日會同跟幫前進倘沿途稍有逗留或不隨船行走徑赴通壩一經查出定將該員弁嚴參究辦決不寬貸應一併咨行駐通驗米大臣倉場部堂查照可也

四月初五日行

爲劄飭行事照得海運米石剝運赴通向係責成經紀一手經理如
船有偷漏攙和使水等弊由經紀查出稟明押運委員虧短米石責
令剝船戶獨賠治剝船戶以應得之罪經紀未經查出稟明有案或
通同舞弊別經發覺虧短米石責令經紀剝船各半分賠各治以應
得之罪例案本自平允惟查剝船應領剝價每船扣留銀四兩封送
通壩照章辦理所以嚴防剝船者不爲不至在津經紀承運承交是
以專責向於起米後均具有米色乾潔米數無虧切實甘結較之剝船
戶責成尤重該經紀應領飯米折色及一半津貼銀兩轉不暫爲扣
存以爲賠補地步較剝船戶未免向隅且剝船之花費莫重於經紀
通壩之弊端莫甚於砸斛所有斛手人等均係經紀自行顧募主使
串通在所不免尤應設法防範以免偏枯除每起剝船責令承運經
紀帶同所雇代役親身押運外其經紀應領飯米折色及一半津貼

銀兩應令津坐粮廳按照每起米石應領銀數酌扣三分之一呈核
查驗仍交該廳暫為收存如該起米石抵通有虧該經紀並未查出
稟明有案即由駐通驗米大臣倉場部堂飭將經紀應賠米數責令
照數賠完知照到津再將扣存銀兩飭令補給如該經紀並無應賠
米石亦由駐通驗米大臣倉場部堂於委員押運牌內註明以便該
經紀向津找領照數給發至經紀應得耗米仍應照案留抵掣欠然
此發通辦理於公事較有裨益相應移咨駐通驗米大臣倉場部堂查照並劄
津通坐粮廳直隸總局一體遵辦可也

四月初五日行

為糟事查海運事宜各有專責交米事隸南省收米事隸生糧廳運及彈壓稽查事隸直局必須實力奉行方能各清各弊為此申明定章粘單劄飭生糧廳及各該總局遵照並抄單移咨駐通驗米大臣倉場部堂可也

計開

一生糧廳於前一日將次日排單每船派定承起經紀一名寫明船名及經紀姓名開單四分以一分實貼本倉場部堂行轅官廳門首以三分分送本署部堂及隨員處查核責成經紀各找各船專管起卸並責成首號經紀等總司其事如沙船強交壞米或不肯風晾即回明南省委員如剝船有意刁難不肯裝兌即回明直隸委員如沙船津通舞弊即回明南北各委員該經紀不准片刻離開倘擅自離船或在船而置身事外即行重責初犯於受責後帶鎖在船起米再犯帶枷

在船起米三犯革役遞解通州懲辦至斛手係經紀自雇之人如有弊端或由南北委員查出或由沙剥船告發除將斛手重懲外仍將經紀究辦並於每起剥船開行之日責令經紀帶同所雇代役親身押運赴通毋許片刻逗遛此係經紀承運章程也如不照章辦理惟坐糧廳是問

一江浙兩總局於起米處所分排各自專派委員監交先期赴本倉場部堂行轅官廳門首照抄坐糧廳所派承起經紀姓名上船時先認定承起經紀某某再行交米倘沙船強交壞米及不肯風晾即將不遵之耆民水手分別情節輕重鎖責並將免稅二單追出繳還以示懲儆仍將某日某員監交每沙船米石若干於起米完後逐日由委員彙開手摺報轅此南省監交章程也如不照章辦理惟江浙兩局是問

一直隸總局每排專派委員監兌先期赴本倉場部堂行轅官廳関
首照抄坐糧廳所派承起經紀姓名上船時先認定承起經紀某某
再令剥船受兌倘剥船户擅上沙船及已風晾之米不肯受兌即將
剥船户分别情節輕重鎖責並另換剥船裝載仍將某日某員監視
某剥船受兌某沙船米石若干於逐日起米完後由委員彙開手摺
報轅所有監兌及封艙委員由該局各給小船一隻晝夜在彼查察
若已兌之後未封之前致令剥船户乘機偷漏定將該委員嚴行懲
處决不寬貸此直局監兌章程也如不照辦理惟直局是問

四月初六日行駐通驗米大臣倉場部堂劉直隸江蘇浙江總局津坐糧廳

為劄行事本爵堂今日查驗斛隻蘇省鐵斛較倉場鐵斛每斛多叁
一升一合按此次起運正耗並經耗米數核算每石多餘米二升二
合共應餘米七千六百六十餘石此係餘米係屬斛內所餘與斛外
所餘之商船耗米不同應令江蘇浙江糧道另款收存聽候覈解將劄

四月初六日劄

為劄行事查沙船氣頭艙底米石前經本辦堂查照奏案飭令南局
派員起除收買並令直局派員稽查在案所有直隸總局派辦收買
氣頭艙底米石委員候補通判高嚴亨候補布理問趙秉恒二員應
劄該局遵照前劄飭令該二員會同南局委員稽查照料毋庸辦理
收買事宜特劄

四月初六日劄

為劄行事照得剥船裝載漕糧由津赴通沿途在官人役難保無需索等情合亟劄行天津道通永道嚴飭沿河文武汛弁嚴密稽查倘有兵役地保更夫人等於停泊處所向剥船藉端需索即行詳稟究辦本爵部堂仍密派妥員明查暗訪該沿河兵役人等或有前項弊端各該文武汛弁並不實力整頓一經查出除將該兵役等從重懲治外並將該文武員弁一體參辦特劄

四月初六日劄

為咨行事查薊遵豐易各州縣應需
陵糈白糧粳米易州應在津截撥蘇遵豐應在通截撥並由直隸總督將米
數開列知照戶部駐通倉場轉咨津帳撥運各在案本年海運米數
無幾現在抵津之米已及十餘萬石不日即可蕆事所有薊遵豐易
各州縣應領米石自應赶緊撥運合亟飛劄薊州遵化州易州豐潤縣迅速遣派丁書赴津赴通領兑
毋稍遲誤並將丁書起程日期先行飛報切切特劄相應移咨駐通驗米大臣倉場部堂戶部直隸總督
迅將各該州縣應撥漕白米數開單咨送以便撥運並劄知津通坐糧
廳遵照辦理可也
四月初七日行

為欽行事查道光二十八年戶部奏准成案押運委員催攢遲誤屢是其專責至收米交米統歸經紀一手經理則潮濕短少自為經紀是問若將短米之故責諸委員議以處分經紀轉得置身事外卻責委員反為疏懈等因在案原以漕運承交經紀責無旁貸部議本自平允第恐該委員恃無處分並不跟幫前進致剝船得以肆意舞弊殊不足以昭慎重此次海運米石應令押運委員認真催攢嚴密稽查如剝船中途作弊該文武委員未經查出票究到經發覺除將剝船米石責令經紀剝船分賠外定將該員弁指名嚴參議處令將所給牌票抄錄移咨駐通驗米大臣倉場部堂查照並劄知直隸總局津通生糧廳可也

為牌行事照得海運米石剝運赴通派委文武員弁押運責在管束船戶乃歷屆剝運赴通中途作弊總不能免顯係該員弁恃有道光

二十八年成案未曾議以處分一味怠惰偷安所致為此牌仰該員
弁知悉每屆自天津開行之日起至通壩揭封驗米之日止如剝船
有偷漏侵水攙和等弊由該員弁查出稟究免其置議如不嚴查致
有前項弊端定將該員弁指名嚴參議處決不寬貸切切須牌

四月初九日行

為諮行事查海運米石剝運赴通前經本爵部堂查照成案責成經紀
一手經理並將分賠獨賠例案分別咨行在案惟查咸豐五六兩年
抵通米石有虧僅令剝船賠補殊覺偏枯且與道光二十八年奏准
成案虧短米石雖訊無經紀串通情事究屬承運不慎仍責令各半
分賠之處不符合再申明例案移咨駐通驗米大臣倉場部堂查照如抵通米
石查有攙和偷漏等弊經紀稟明有案虧短米石責令剝船獨賠治
剝船以應得之罪經紀並未查出稟明或通同舞弊虧短米石責令
經紀剝船各半分賠各治以應得之罪即無前項弊端艙封氏即均
各完好而米石交不足數即係虧短亦應照案飭令經紀剝船各半
分賠以肅運務並罰如直隸總局通津坐糧廳可也

四月初九日行

爲咨行事據浙江糧道詳稱據浙江甯波府鄞縣耆民王鎮鄉呈稱
身管駕盛裕泰商船在上海承裝平湖縣漕米一千七百七十石零
隨帶商本并洋布等貨於本年三月十四日行至山東養馬島外洋
猝遇盜船二隻持械過船用斧砍傷大桅刦去商本元寶銀四十錠
大錢八十餘千洋布十二箱飯米十餘石及鋪蓋衣服零星等物復
將漕米拋入海中約計二百石左右當於二十日赴甯海州具呈懇
將原呈移送福山縣二十二日縣主上船查勘屬寔諭令趕緊開行
隨後申報現在船已到津爲此瀝陳等情職道當傳該耆民王鎮鄉
到案督同局員麟守遂加訊問供與呈詞相同隨即親詣該船查驗
大桅有砍傷形跡裝運漕米內有桅門艙暗艙缺少查該船在洋被
刦據稱呈明地方官勘驗有案職道未接福山縣報文殊難遽信必
須咨查明確方昭核寔至被失漕米缺少若干應俟該船卸載查明

是數再行核辦等情前來查海運漕米放洋北上前經飛咨沿海督
撫嚴飭鎮將督率員弁各按所轄洋面巡邏搜捕勿任盜船潛匿俾米
船行走安穩等因在案茲據該粮道詳報威裕泰沙船在山東養馬島
外洋被劫等情是該鎮將並未督率員弁認真巡防実力搜捕已可
概見現在江浙米船運檣北上若不認真查辦於漕運大有關礙相
應由五百里飛咨山東巡撫即飭查明威裕泰沙船被劫情形並同
該船失事地方水師職名星馳聲覆以憑核辦仍一面飭令水師鎮
將督率員弁一體出洋巡邏実力剿捕勿任盜船肆行洋面致阻漕
行其各島處所並查照前咨飭令該水師員弁各按所轄洋面逐一
搜捕以靖盜氛倘此後商船再有疎虞除將該水師員弁參辦外定
將該管鎮將嚴參議處並由五百里遞劄登州鎮總兵遵照辦理暨
飛咨浙江巡撫查照可也　四月初九日行

為劄行事照得本屆漕糧剝運赴通前經查照奏案行令津臺糧[illegible]
按起飭令承運經紀率同代役四人親身押運前往在案為此劄行
直隸總局傳知十段委員於每起剝船入段時查明承運經紀是否
親身押運於呈報入段出段時刻單內註明承起經紀姓名及有無
隨船行走字樣並傳知駐壩委員於每起剝船抵通時查明承運經
紀是否隨船抵通據實呈報特劄

四月初十日劄

為劄查事照得漕糧剝運赴通向由坐糧廳取具經紀米數無虧具
色乾潔切結詳轅存案何以頭起剝船已於初九日開行尚未據報
廳詳報合亟劄行津坐糧廳將延不詳報緣由刻即稟復並將頭起
剝運漕糧數目及經紀切結並押運經紀何人代役何人迅速詳報
毋再稍延切切特劄
四月初十日劄

爲劄行事查海運漕粮沙船均經奏准每船准其載貨二成論石免
不論價由海關免税放行如二成以外在天津銷售則在天津納税
在關東銷售則在關東納税其自關東運豆回南仍於免單註明照
例輸税等因在案現在抵津沙船業經陸續驗卸除將二成免税印
單由天津鹽海各關呈送當堂給發外合亟劄行山海關監督飭令
各口岸遇有江浙海運沙船到口速即查明免税放行其二成以外
貨物及販豆回南仍令照例輸税並嚴禁胥役人等刁難勒索可也

四月十一日劄

為劄行事據直隸候補天津道詳稱奉諭查初十日裝載第七排之南匯縣賈海山剝船水艙內存水較多飭將監兌委員職名查明並是否認真油艌職道等遵查第七排監兌委員係候補縣丞朱灝並傳詢楊村通判高維翰據稱賈海山剝船係屬油艌堅固乃該船戶不慎仍有潮滲之處當即扣留聽候復驗並令出具到壩如有潮溼加倍治罪甘結等語查該船業經裝米如須更換應請再行過斛現已扣留恭候復驗等因應劄行津坐糧廳刻即帶同原派承起經紀赴次查驗是否毋庸更換取具該經紀甘結詳報查核特劄

四月十二日劄

為剳飭行事據坐糧廳覺羅續慶江蘇糧道書齡候補道許誦恆天津道英毓會詳稱竊查咸豐六年辦理海運因江浙兩省漕糧捐米沙船同時抵津當經職道等擬以先到米船無論漕糧捐米盡數作為正供運通應正供得以及早先發詳奉批准照辦在案茲查本年江浙兩省漕糧由海運津赴通米數較上屆減少查江省有捐米一百二十石係隨漕糧搭運來津本應分項兌剝惟米數不敷一起剝運自應仍照上屆定章將此項捐米盡數作為正供運通俟正供足額後續到之米作為捐輸應辦法簡便漕糧得以早竣等因前來查前項捐輸米一百二十石既照上年成案先抵正供兌收辦理尚屬簡便除批飭照辦外相應咨明戶部駐通驗米大臣倉場部堂漕運總督江蘇巡撫查照並劄知通坐糧廳可也

四月十二日行

爲劄飭行事據江蘇糧道詳稱據江蘇運糧沙船莊合順舵工施朝邦報稱裝運新陽縣白糧正米一千石隨同各耗並帶各貨於三月十六日行至蘇山西南外洋遇盜劫去白糧米約四十餘包各色洋布鋪蓋衣服等件並擄去耆民水手二名當經報明榮成縣勘明被劫屬實給發路照來津報案又據沙船孫德隆耆民朱吉人報稱裝運金山縣漕糧一千九十五石六升三合六勺隨同各耗并帶小貨於三月十九日行至蘇山迤東外洋遇盜截住劫去漕米三十餘石銀錢布疋鋪蓋衣服等件並擄去舵工一名當報榮成縣勘實給照來津呈報各等情到局據此當即督飭局員提驗榮成縣所給路照內叙與所報大畧相同核其被劫洋與失事日期均亦相符尚無遲逾情事查莊合順孫德隆二船在蘇山洋面連被盜劫必須嚴飭實力堵緝防護期保無虞除俟該兩船卸米完竣核實所短米若干由局另

行查辦等因查前據浙江糧道詳報盛裕泰沙船在山東養馬島外
洋被劫當經本部堂飛咨山東巡撫飭令水師鎮將督率員弁出洋
巡緝寔力勒捕以靖盜氛並遞飛劄登州鎮總兵遵照在案今復據
江蘇糧道詳報莊合順孫德隆二船在蘇山洋面連被盜劫等情查
海運沙船放洋北上各該鎮將應如何遵照奏案嚴密巡防認真緝
捕以期來船行走安穩乃江浙沙船行駛外洋連被盜劫似此疎於
防範寔屬玩誤由五百里飛咨山東巡撫即將各該船被劫情形暨
失事地方員弁職名據寔參奏仍一面嚴飭各該水師鎮將遵照奏
咨各案各按所轄洋面將盜匪嚴密查拏迅速搜捕並於來船經過
處所按程迎護遞送毋任再有疎虞並由五百里遞劄登州鎮總兵
遵照辦理暨知照兩江總督江蘇巡撫查照可也

四月十二日行

為劄咨行事查沙船餘米歷屆海運均照案捐辦現擬查照天津捐奏章程凡捐實在官階者照籌餉事例銀數每百兩統減四成加級紀錄陞銜

封典並捐免試俸歷俸統減四成遞減二成監生按原減八十八兩之數遞減二成合銀七十一兩從九未入按例定銀數先減二成再減二成合銀五十二兩以京錢三吊作銀一兩仍按米數核計現在辦理海運委役齊備薪水應仍照案酌裁每捐漕糧一石連耗米四升水腳銀一錢作價京錢十三吊四百四十文白糧一石連耗米水腳作京錢十五吊四百四十文至花翎藍翎上屆辦理海運餘米係照戶部奏定覈減銀數統減三成此次辦捐餘米既照章統減四成自應查照戶部奏定覈減京外各官報捐翎枝銀數統減四成辦理以昭畫一相應移咨戶部查照立案並劄候補道許誦恒天津道英毓江

蘇糧道書齡浙江糧道王友端妥籌酌辦其收呈最捐事宜即派清河縣知縣署楊村通判高維翰武強縣知縣陳寶認真辦理可也

四月十二日行

為諮行事查海運漕糧前經户部奏定章程内開每日起米由駐通
倉場轉飭坐糧廳將每日起米若干卸船若干隻按日開報驗米大
臣以便查核等因現在海運漕糧業已分起剝運赴通合亟劄飭通
坐糧廳於剝船抵通後將每日起米若干卸船若干按日開報暨劄
知石壩州判查明每日起卸米數按日填註藍單呈報行轅毋稍遺
漏至運米到橋向由大通橋監督督飭車夫隨到隨運不准積壓藝
房致滋弊竇其每日回空口袋若干按五日一次呈報津轅查核應
一併劄飭大通橋監督遵照辦理仍移咨駐通驗米大臣倉場部堂
轉飭一體照辦可也

四月十三日行

為諮行事准戶部咨薊遵豐易各州縣本年供應
陵糈米石開列數目知照前來查撥給薊遵豐易米石歷屆咸豐均撥江浙
輪流派撥上年易州漕白米石係在蘇省漕白糧內撥給薊遵豐漕
白米石在浙省漕白糧內撥給各在案所有易州本年應撥白糧粳
米應在於浙省派撥薊遵豐白糧粳米在於蘇省派撥合將白糧粳
米數目開單劄飭該廳局查照成案辦理仍劄行薊州遵化州豐潤
縣易州遵照前劄速派丁書分赴津通領兌現在驗收海運米石不
日告竣各該州縣務須即日遣派丁書分赴領兌毋稍遲誤致干參
奏並知照駐通驗米大臣倉場部堂戶部一體查照可也

四月十四日行

為劄行事照得起卸漕糧例以三萬石為率乃查十三日所起承[illegible]僅漕糧一萬七千六百石白糧二千六百九十餘石數六起剥船隻至本日酉刻尚未開行殊屬玩誤且十三日所驗沙船並無應行風晾之米自應趕緊起卸按日開行一起不得以鄭泰源一船尚須風晾藉詞諉卸合亟劄飭津坐糧廳直隸總局將已驗各船趕緊加斛起卸倘十五日七起剥船不及開行定將該坐糧廳及直局監兌各員一併參奏毋謂言之不早也切切特劄

四月十四日劄

爲咨行事查易州

陵糈米石內平粳米一項前據戶部咨報統共平粳米四千三百零五石四

斗五升三合九勺現查直隸總督所報之數多米四十石係屬何處

錯誤合亟移咨戶部刻即查明咨覆以便撥給可也

四月十五日行

爲劄查事查鄭泰源船原裝漕米七百二十石業經四次查驗飭令
斛收自應先儘該船米石全數起卸以免該商船守候稽延何以七
起剥船册内僅據起運鄭泰源洪斛米四百餘石合亟劄飭直隸總
局將因何不全行起卸緣由查明詳覆以憑核辦並劄行浙江總局
即赴鄭泰源沙船查訊該耆民有無剥船人等需索情弊立刻稟覆
毋稍徇隱特劄

四月十六日劄

為咨行事據直隸總局將第四起移與全剝船擱淺另換趙永剝船
裝載赴通等因詳報前來除批飭遵照外相應抄錄原詳移咨駐通
驗米大臣倉場部堂查照可也

四月十七日行

為劄行事據江蘇糧道詳稱據江蘇運糧沙船崔元利耆民黃燦明
報稱裝運吳江縣白糧正米一千二百石隨同各耗並寄帶貨物於
三月初七日放洋十六日駛至蘇山西南外洋遇盜劫去正白米約
五十餘石客布銀兩鋪蓋衣服等件並擄去舵工水手二名當經呈
報崇成縣會同營汛勘驗給照來津報案到道據此當即督飭局員
提驗崇成縣所給路照內敘與所報大略相同核其失事日期亦屬
符合尚無逗遛情事查訊該船寄帶貨物銀兩衣被等件均被劫掠
並擄去舵水二名情形殊堪憫惻本道查海運沙船在洋行駛歷係
責成沿海各營水師鎮將帶兵在於所轄洋面嚴密巡防護送復由
滬局雇備輪勇各船緝捕辦理不為不密今崔元利船在蘇山洋面
被盜劫掠並據稱風聞續後另有失事之船必須嚴飭寔力巡緝防
護應保無虞除候該船卸米完竣核實所短米數若干由局另行查

辦並先報明山東撫院飭營趕速勒捕務靖盜艐外合行報明寄回
據此相應飛咨山東巡撫查明該船失事地方將該管水師員弁據
實參奏仍一面查照鄧次前咨將前後被劫各船贓賊挐獲究辦並
令各該鎮將於清船經過處所實力巡防認真護送毋得再有鬆懈
並飛劄登州鎮揔兵遵照辦理暨知照兩江總督江蘇巡撫一體查
照可也

四月十八日行

為劄查事照得漕糧剝運赴通理應按程遄行不准稍有停滯乃查各段呈報剝船入段出段時刻第五起剝船於十六日午刻入第三段是日申刻即行出段第四起剝船於十五日巳刻入第三段十六日巳刻始行出段第五起剝船於十四日入第二段十六日午刻始行出段第六起剝船於十五日未刻入第二段十六日申刻始行出段核計各段水程不過三四十里何以第五起剝船行入第三段僅需三個時辰即行出段第四起行入第三段第五第六兩起行入二段竟一二日之久始行出段同此三四十里水程而行走遲速如此懸殊難保無沿途逗遛等情為此劄飭直隸總局將前項剝船因何出段遲延之處刻即詳查稟復特劄

四月十八日劄

為劄行事查在次各船查驗已經兩日因米數不敷起運是以未經
飭令起卸本日據報到次沙船僅有三隻為數仍屬無幾為此劄飭
直隸總局將現在抵口船隻趕緊催提以便查驗起卸免致已驗船
隻守候稽遲切切特劄

四月十九日劄

為劄各催行事所有易州供應
陵稽米石節經劄知該州迅派丁書赴津領兌各在案現在海運漕糧將次
完竣而該州領兌丁書尚未據報起程殊屬玩誤合再嚴劄飛催劄
到該州即飭丁書起程赴津領兌毋再捎延致干參辦並知照直隸
總督可也
四月十九日行

為咨行事查江蘇此次搭運捐米前據坐糧廳覺羅續慶等會詳稱
省有捐米一百二十石儘數先抵正供兌收嗣查江蘇放洋冊造捐
米一百二十二石當即飭查去後今據江蘇總局查復前項捐米三
聯單內填註楊集台捐米一百八石捐生顧思源捐米十四石共計
正項捐米一百二十二石外每石給隨正交倉耗米二升並沙船耗
米八升共計每石一斗正項捐米一百二十二石該交倉耗並沙船
耗米十二石二斗應以放洋冊內之數為准現在兌交剝船實係一百
二十二石會詳文內僅一百二十石查稿內係一百二十二石繕書
謄清漏寫二字呈請更正等因前來相應知照戶部暨駐通驗米大臣倉場部堂
查照可也

四月二十一日行

為咨覆事准户部咨准直隸總督咨稱直省捐米除撥赴景州留養
防兵口粮動用米四千二百石外實計已存天津北倉及應運交北
倉米二萬四千石應請責成天津道於撥運江浙兩省漕粮時搭運
通倉每船多運米一二十石每運即可搭運捐米一二千石謹計一
二十運即可完竣未交米石委員催交等語相應劄行天津道將存
儲北倉捐輸米石於剥運江浙海運漕粮船内分派搭運赴通其未
交米石迅速催交齊全運赴天津随同本年剥運新粮一併分船搭
運以省經費等因知照前來查剥船剥運漕粮在次受兑後即行接
艙封釘並無空間之艙可以搭裝捐米兼之上園水次距北倉三十
餘里之遥若令搭裝捐米即不能随時封釘彼此照料實恐難周且
現在江浙漕粮已有七起赴通八起剥船即日亦可開行在後米石
不過五起礙難如數搭運所有前項捐輸米石如何轉運赴通之處

應由户部另行核辦相應咨覆户部並知照驛通倉場部堂直隸總

督劉知天津道可也

四月二十二日行

為咨行事查剥船抵通米石虧短如係偷漏使水所致應照分賠獨賠之案辦理其並無弊竇而米石交不足數亦照道光二十八年奏准成案責令經紀剥船分賠前經行知在案茲據駐壩委員禀稱第一起剥船短交米一百九十五石二起剥船短交米八十五石三起剥船短交米六十六石押令趕緊補足此項米石究竟因何短少有無剥船舞弊情事經紀曾否稟明賠補米石是否照案分别分賠獨賠相應移咨駐通驗米大臣倉場部堂查明咨覆可也

四月二十二日行

為劄行事據易州申稱本年應裁
陵糈米石於四月二十日派令丁書赴津領兌等因據此相應劄行直隸（浙江）綏
局查照辦理可也
四月二十三日劄

為劄行事查頭二三起剥船抵通均有短交米石雖經通壩𥙷令照
章補足其因何虧短緣由不可不嚴切根究合亟劄行直隸總局一
俟各該起剥船回津即將短米各船户嚴加訊問務得確情詳稟懲
辦切切特劄

四月二十六日劄

為劄查事查第九第十兩段委員呈報單內聲明第五起剝船二十三號藍起順官剝有運員加封四條四十二號展玉廷官剝有運員加封十一條該起兩號官剝係在何段加封檢查第八段委員報單內未據聲敘合亟劄飭直隸總局轉飭查明該起兩號官剝究係在何段加封並將該押運員弁因何加封緣由詳查稟復切切特劄

四月二十六日劄

為咨行事查向辦成案海運漕糧抵津由南省備帶鐵斛與倉場
斛木斛眼同南北省大小委員傳集耆舵人等公同較量本屆海運
應較斛隻本爵部堂到津伊始即傳集耆舵人等當面較量江省所帶
上海縣鐵斛核與倉場鐵斛每斛大一升一合當即詢據該糧道面
稱所帶鐵斛因年久斛內多有剝落是以斛身較大等語惟斛內既
經剝落何以仍帶赴津較驗該省漕糧兌交沙船是否即係此斛抑
係另有部頒鐵斛如部頒鐵斛與携帶來津之斛相同所有斛內餘
米應自明年為始隨正交倉若帶津鐵斛寔有剝落亦應咨部銷燬
另鑄以免參差相應移咨江蘇巡撫俟該道回南後飭委妥員會同
該道將鐵斛詳細較明咨部核辦並知照浙江巡撫可也

四月二十七日行

為劄飭行事查剝船行抵通壩押差等費不一而足其經紀進京到[illegible]船頭單房等項在在均有花費前經開單劄行通永道嚴密訪查務得確情詳轅核辦在案茲據詳稱裡河葫蘆頭等處有船頭等項使費在經紀個兒銀內撥給係辦公必不可省之款咸豐四年奉憲查辦核准有案取具軍糧經紀李兆森等甘結開具款目清摺詳復前來查裡河各項使費雖據查明係在該經紀等應領個兒銀內撥給係辦公必不可省之款並非額外需索惟該經紀等不得藉口裡河開銷轉向剝船需索致滋弊竇應仍劄行通永道嚴密訪查如經紀有需索剝船情事即行鎖拏究辦並遵照前劄將剝船抵通有無開銷押差等費按照前次單開各款逐一查明據詳復嚴行禁止仍一面嚴禁重手砸斛之弊以肅運務並知照駐通驗米大臣倉場部堂可也

四月二十八日行

為難行事查頭二三起剝船抵通短米甚多其因何虧短緣由不可
不嚴切根究前經咨行駐通驗米大臣倉場部堂查明咨覆並一面
劄飭直隸總督候各該起剝船回津後將短米各船戶嚴行提訊務
確情詳轅懲辦各在案茲據咨稱頭二三起剝船虧短米石雖據陸
續完繳而所短之米仍復不少劄飭通州知州高錫康前昌平州知
州鄧錫恩會同該坐壩及押運各員查照章程剝船有潮溼短少由
經紀拏獲責令剝船獨賠治剝船以應得之罪若經紀並未查出或
通同舞弊分肥責令經紀剝船各半分賠各治以應得之罪其並無
弊竇而米石交不足數者亦令各半分賠並令該牧等將剝船因何
潮溼短少情弊及經紀代役等有無通同舞弊訊供詳辦等因咨照
前來相應移咨驗米大臣倉場部堂即將前項短交米石迅飭該牧
等責令剝船經紀照案賠補經紀應賠之米責令自行買補其應給

經紀耗米仍照前咨留抵掣欠至米石潮溼短少如訊明實係中途
舞弊自應從嚴懲辦以儆其餘再承運承交經紀是其專責前經飭
令親身押運何以頭起押運經紀至八段始行跟幫行走二起押運
經紀至四段始行跟幫行走三起押運經紀至三段始行跟幫行走
一併飭令該牧等查明究辦以警玩誤而挽積習並劄知通州知州
駐壩委員一體遵照可也

四月二十八日行

爲劄行事前經本爵部堂訪聞津次有色個貴壽等裝刻船挂羅受載領旗封艙記明在在均有使費劄飭嚴密訪查如有前項弊端詳蘇究辦在案迄今日久未據詳覆應再劄行天津道與津糧廳遵照前劄嚴密訪查據寔詳覆嚴行禁止仍一面密派妥員隨時稽察有犯究懲以除弊竇而肅運務切切特劄

四月二十九日劄

為劄行事前據易州申稱本年應截
陵糈米石於四月二十日派令丁書赴津領兑等因迄今已及一旬未據該
丁書報到是否尚未起程抑係中途逗留應再劄行易州知州迅即
飭令該丁書等趕緊攢程赴津領兑免致貽誤切切特劄
四月二十九日劄

為劄查事據駐通驗米大臣函稱據稽察彈壓各員稟稱拏獲剝船乘間使水偷漏等弊解州審辦等因查剝船偷漏使水胆大玩法實堪痛恨何以通壩稽察彈壓各員業將各案拏獲稟究該駐壩委員竟形同聾瞶並無片紙隻字稟聞殊屬不成事體合亟劄飭駐壩委員將因何不據實稟聞緣由並偷漏使水各船戶究係第幾起係在何處偷漏使水係在何處拏獲統限於初三日詳轉核辦切切特劄

五月初一日劄

為劄行事查剝船抵通無弊不作前經本部堂嚴切出示曉諭毋許偷漏使水自千重咎在案茲據駐通驗米大臣丞稱據稽察彈壓各員稟稱拿獲剝船乘[illegible]使水偷漏等案解州審辦等因該剝船戶膽大玩法實堪痛恨合亟劄行通永道督飭通州知州嚴行審訊從嚴究辦並訊明各該船戶係在何處偷漏使水舞弊以及該起押運經紀有無通同舞弊情事一併澈底根究據實詳復毋得稍事含混並移咨駐通驗米大臣倉場部堂轉飭嚴究確情按律懲治至剝船偷漏使水由經紀查出稟明有案虧短米石責令剝船獨賠治剝船以應得之罪經紀並未查出或通同舞弊虧短米石責令經紀剝船各半分賠各治以應得之罪虧短各船經紀祇查出一船免其分賠一船所短米石以一船了一船之責不得因查出一船其餘各船所短米石概免分賠其並無弊竇而米石交不足數即係虧短究屬經紀

承運不慎亦令經紀剥船各半分賠道光六年並二十八年奏奉
上諭有案應一併移咨駐通驗米大臣倉場部堂轉飭遵辦並劄行通坐
糧廳將經紀剥船分賠米數開單呈報津轅以憑查核可也
五月初一日行

為劄飭行事查津次起卸漕粮派員監視斛收並先將剝船隔艙船板
用紙糊好加用坐粮廳封條受載後於艙蓋用灰印復於艙面押蓋
兩旁加釘竹篾遮艙封固乃津次辦理如此嚴密而剝船到壩仍復
有偷漏使水之弊殊不可解查白粮用蔴袋裝載到通尚無弊竇現
在運通白粮已有六萬餘石應移咨
貴部大堂臣轉飭通倉監督將騰出之蔴袋挑選三四萬條委解來津艤
運在從漕粮庶免偷漏攙和使水等弊且先試辦一次再作辦理所
用蔴袋抵壩驗收後仍照數飭還該倉並劄知通坐粮廳可也
五月初一日行
駐通倉場部堂
驗米大臣
通坐糧廳

爲劄飭行事查易州應撥陵糈米石前經劄飭直隸浙江各總局在於浙省漕白糧內撥給在案惟查戶部所開米數與直隸總督咨報抄詳數目除江白米數均屬相符外其平粳米一項戶部所報係四千三百零五石四斗五升三合九勺直督所報米數係四千二百六十五石四斗五升三合九勺計戶部所報米數多米四十石咨查戶部覆稱易州應撥米石撥照直督數部文內數算平粳米實係四千三百零五石四斗五升三合九勺該督所報經津驗米大臣米數如何少米四十石現咨直督刻即查明經行咨津如數撥給等因查易州領兌丁書現已到津而直督查覆文書尚須時日除江白米數業經劄行各該局外其平粳米一項應抄錄直督原報米數開單劄知直隸浙江各總局先行照數撥給並移咨直隸總督查照可也

計開

泰東陵平粳米三千七百二十七石九斗二升二合三勺

昌西陵平粳米三百五十三石零九升零二勺

慕陵平粳米一百八十四石四斗四升一合四勺

共米四千二百六十五石四斗五升三合九勺

五月初一日行

為咨行事據江蘇糧道詳稱據江蘇運糧沙船沈萬泰報稱裝運婁縣白糧一千石同經耗等米並寄帶貨物於三月十八日駛至山東打魚島迤南外洋遇盜劫去白糧約十餘石布物銀両鋪蓋衣服等件並擄去舵工一名當報榮成縣會營勘驗屬寔給照來津又據趙隆泰報稱裝運上海縣白糧一千石同經耗等米並裝帶貨物於三月二十一日行至山東蘇山西南外洋遇盜劫去白糧約五十餘石寶銀七錠並套布貨箱鋪蓋衣服又擄去舵工一名當報榮成縣會營勘驗屬寔給照來津咨等情到道據此當即督飭局員提訊咨該耆民據供被劫各情悉與榮成縣所給印照相同除俟各船卸米完竣核寔所短米數由局另行查辦外合行報明等因前來查江浙海運沙船經由東境前經山東巡撫附片奏稱登州鎮咨報楊裕福等船裝載漕糧於三月十四十五等日先後行入東境由水師將弁護

送北上續到船隻一體小心防護等因復經本爵部堂因沙船裝合順
孫德隆盛裕泰耀元利等行駛東省洋面連被盜刦先後飛咨嚴飭
巡護撥劉毋任再有疎虞以期米船安穩抵津並經奏明在案該水
師鎮將等應如何遵照辦理護漕北上何以莊合順等商船被刦於
前而況萬泰趙隆泰沙船行至山東打魚島洋面復有被刦情事且
本爵部堂於沙船抵津時面詢該舊船人等僉稱行過各島洋面均未
見有師船護送該省師鎮將玩誤巡防已可概見若不嚴行參辦何
足以儆將來相應飛咨山東巡撫遵照奏咨各案嚴飭該鎮將等將
在後漕船定加巡防認真護送毋再仍前玩泄並將失事各船贓賊
務獲懲辦仍一面查明該失事地方員弁及該鎮將等嚴行參奏以
肅海防而利漕運並逕飛劄登州鎮總兵遵照辦理暨知照兩江總
督江蘇巡撫查照可也　五月初一日行

為咨行事照得剝船剝運漕糧所得剝價等項不為不優本爵部堂到津伊始即經剴切出示曉諭毋許舞弊自罹法網並於每起開行發給剝價之時面加訓諭不啻三令五申乃第五起二十三號剝船葉起順四十二號剝船展玉廷竟敢私揭艙封並查有竊米情事實屬玩法已極若再任其承充官剝何足以儆將來除已劄飭駐壩委員就近稟請駐通驗米大臣倉場部堂將該船戶訊究懲辦外所有該船戶家眷應令直隸總局俟該剝船回津時立即驅逐另募妥實船戶充當併將新募船戶姓名先行詳報備查以杜被斥船戶換名朦充並知照

貴大臣部堂可也

五月初二日行驗米大臣倉場部堂

直隸總局

爲剝咨行事查第五起二十三號藍起順四十二號展玉廷官剝前因第九第十兩段委員於呈報入段出段時刻单内註明有押運委員加封款目未據第八段報明當經劉行直隸總局查明該兩號剝船係在何處加封及因何加封緣由詳覆核辦去後茲據詳稱四月二十五日據押運五起委員稽文墳李大楷稟稱奉押第五起官剝於二十日行抵第八段壩頭地面會同坐段員弁陳爾書張勇並巡催稽查委員及經紀代役查得二十三號官剝藍起順桅後第二艙艙板揭開灰印模糊四十二號官剝展玉廷桅後四艙封條均有破壞在後廠起出潸米一口袋將各船戶嚴行看管另行加封各等情具稟到道當經查得該員弁親經查出剝船有揭封開艙竊米情事自應加貼押封將船戶押通墳委員稟請駐通　欽憲核辦一面將查辦緣由通稟今僅據報明職道等又不將加封若干分晰叙明殊

屬不請正在查辦間接奉劄飭查辦除分飭遵辦並傳諭此後如查有揭封竊米情事即將船户嚴行管押交與道墉委員將情由據實稟明聽候懲辦毋稍延誤外理合先行呈報等因具詳前來查該剝船户揭封竊米既於二十日經該押運委員會同八段委員並迎催委員及經紀代役查出加封看管何以不立即稟粮核辦乃延至二十五日始據押運員弁稟報該局而八段委員又不於呈報入段出段時刻單內叙明均屬顢頇應除　劄該局將各該委員記過一次並即傳諭各該委員嗣後再有似此延誤情事決不寬貸至盤赴順展天庭二船米石有無虧短仰駐墉委員剋即稟報仍將揭艙竊米情事就近稟請駐通驗米大臣倉場部堂轉飭嚴訊確情從嚴懲辦外將剝並移咨貴部大堂查照可也

五月初二日行

為劄行事查三四起押運委員已於初三日亥刻來轅銷差所有該
兩起押運經紀管松年李瑞春二名並代役閻起祿康吉平唐萬陞
馬朝標鮑全李元范泉崔德寶等八名應劄令津坐糧廳於即日即
刻帶赴轅聽候問話毋稍遲延特劄

五月初四日劄

爲劄行事本爵駐節津沽一切均係自備並未用地方供給乃訪聞
該縣有代爲開發錢文之事究係代爲開發何項錢文應令該縣照
數開單呈繳給發如並無其事亦即據實稟明並飭該縣仍隨時查
察如有冒稱本爵日用所需向該縣需索錢文者即將其人拏送行
轅究辦特劄

五月初四日劄

為劄行事查大通橋運米進倉例定一日以三萬石為率何以四月二十一日至二十五日止到橋之米已有四萬餘石在號米二萬餘石僅運倉米一萬餘石寔屬遲延且此項米石堆積號房日久必致滋生弊端殊非慎重漕糧之道合亟劄飭大通橋監督將前項米石赶緊運倉並將因何堆積號房不即轉運緣由據實詳覆核辦嗣後務按例定日行三萬之數源源轉運如再仍前延玩本部爵堂定行查叅嚴叅毋謂言之不早切切特劄至大臣移咨貴部堂查照飭催可也

五月初四日劄

為劄行事據直隸總局詳報第十起周長太民船行至白廟地方因潮落掛錨破漏等情具詳前來除批飭遵照外相應抄錄原詳移咨

貴部堂大人查照並劄知駐瀋委員遵照可也

五月初四日行

爲斷行事查剝船運米赴通中途偷漏使水由經紀查出稟明有案
虧短米石責令剝船獨賠治剝船以應得之罪經紀並未查出或通
同舞弊虧短米石責令經紀剝船各半分賠各治以應得之罪虧短
各船經紀祇查出一船免其分賠一船所短米石以一船了一船之
案不得因查出一船其餘各船所短米石概免分賠其並無弊實而
米石交不足數即係虧短究屬經紀承運不慎亦令經紀剝船各半
分賠道光六年並二十八年奏奉
上
諭有案即經咨行轉飭照辦並由
貴大臣（部堂）奏明在案茲據駐壩委員稟稱第七起漕船除斛收外短交
米三十二石頭二三四五等起短米交訖等因此項米石內剝船賠
交若干經紀賠交若干其經紀查出剝船舞弊由船户獨賠者若干
相應移咨

貴部堂大臣將某起某船短米船名米數及經紀夠船分賠獨賠各數分

晰開單知照津糧以憑查核並劄知駐壩委員通坐糧廳可也

五月初四日行驗米大大

倉場部堂

通坐糧廳　駐壩委員　石壩州判

為咨行事查剝船應得剝價寄銀內扣留銀四百兩每起共扣銀四百兩粘貼印封交押運員弁帶通呈交駐通驗米大臣倉場部堂查收如剝船米石無虧當將補給償有短少即查明剝船應賠米數押令全數補足再行找給寄回本行在案今查各該起押運委牌批回僅據批明短米如數追繳其某船短米若干經剝分賠若干以及扣留剝價如何找給之處均未聲敘津次無憑查核相應移咨

貴大臣部堂將前項剝價有無補給以及短米船名米數暨分賠獨賠各數一併查照成案轉飭分晰開單知照津轅以憑查核並劄知駐壩委員石壩州判可也

五月初五日行

駐通驗米大臣倉場部堂

駐壩委員

石壩州判

為劄行事本月初四日劄飭該縣詳查之件係因實有風聞惟恐本
府護衛等有濫支需索情事該縣辦差人役不知虛實未免濫應本
部既行即文飭查原為慎重私行辟弊起見該縣何以視為具文搪
以一稟回覆其中顯有情弊應將原稟發回仰該縣詳細察明具詳
呈報毋違特劄
五月初五日劄

為劄行事本月初四日據候補縣丞英喆繳報單內叙本日起卑斛漕米二百二十石白米一百四石五斗八升未起米六千六十五石三斗六升六合一勺等因查現在水次沙船除拖翔豐郭增源二船尚須覆驗外其餘均係准起之米此時日晷正長即照前劄一日卸米三萬之數亦可從容竣事何以是日僅據起米三百餘石殊屬不成事體相應劄飭直隸總局津坐糧廳將前項米石由何少起緣由剋即查明詳覆並劄江浙兩總局知之特劄

五月初五日劄

為劄行事據駐壩委員稟稱第八起三十六號官剝劉起升在第八
段沙果堆將頭艙梁板鋸落偷出漕米六斗零七十二號朱滿堂七
十五號趙有功七十六號謝勝均鋸落艙板情形被巡段駐段各員
查獲該運員加封現將各船戶交小頭嚴行看管俟解收有無短少
再行稟報等情查剝船戶中途舞獘已堪痛恨膽敢鋸艙竊米實屬
藐法已極除俟該起到通查明有無虧短由駐通坐糧大臣倉場部堂嚴辦外
合亟劄飭直隸總局俟該船戶回津時嚴行審訊從重懲辦並將各
該船戶家屬驅逐另募妥實船戶接充掌駕仍將所募船戶姓名籍
貫先行詳核條覆至該起押運員弁既查明船戶鋸艙竊米加貼押
封何以不立即稟報究辦殊屬顢頇除該局將該起押運員弁記過
一次第八段巡段委員雖於呈報八段出段時刻單內聲明劉起升
官剝有運員加封五條稟局轉詳亦未將各船舞弊情形詳細聲敘

究有不合即該局嚴行申飭仍將該員所稟各船情形詳悉查核並傳諭巡役及押運各員嗣後各起剝船查有中途舞弊情事一面稟報行稟一面稟知該局毋許稍事含混致干查究再第五起船戶藍兆順屢五延揭糙粉米前經劄飭驅逐另募接充所募船戶姓名先行詳稟迄今未據詳覆殊屬延緩應一併劄飭趕緊將所募船戶姓名籍貫詳稟備查毋再延緩切切特劄

五月初六日劄

為劄行事現在水次已驗准起各船本爵業經面諭天津道督飭總
局委員署楊村通判高維翰飭令剝船受兌湊足四五十隻於本日
開行倘該剝船户仍敢藉詞支吾不遵受兌致本日不能開行仰該
道一面詳報一面將管理局務之署楊村通判高維翰摘去頂帶毋
稍徇隱嗣後已驗沙船該剝船户或不挂船或挂剝後船户藉端遲
延均惟該局員是問特劄

五月初六日劄

爲劄行事昨日所傳經紀訊明其通剥船虧短米石賠交緣由飭令
該經紀等出具切結呈核辦乃該經紀等竟敢置若罔聞不結具
結呈核實屬不成事體合亟劄飭坐糧廳限本日飭令各該經紀將
在通交米賠米實在情形出具切結詳核辦如稍遲延即將該經
紀代役人等鎖交天津縣嚴行審訊確情取供詳核懲辦仍將該廳
摘去頂戴聽候參辦決不姑容速速將劄

五月初六日劄

為劄查事本日據候補縣丞顧肇域面稟前曾訪出公館辦差家人
劉姓假托供應本爵每日用米二斗錢十餘吊經該縣丞告知該縣
旋將家人劉姓驅逐現聞劉姓挾嫌捏稱該縣丞假托本爵日用每
日向該縣索錢十二吊文並稱該縣丞有向剩船每船需索京錢一
吊文弊情既據該縣丞面稟應仰該縣即將劉姓傳案查訊究辦並
查有無本府家人需索情事一併確實詳明毋稍徇隱特劄

五月初六日劄

爲劄行事查一三四五六起押運委員已先後札飭銷差所有各該
起押運經紀除管崧年李瑞春外其宋光恒鮑勲山佩林現在曾否
回津如尚未到津仰該廳即行稟請倉場部堂派員迎提到津以憑
查訊通州交米短米實在情形據該經紀藉端逗遛有心迴護本爵
定行飭縣鎖拏毋違特劄
五月初六日劄

爲劄飭行事查易州應撥
陵寢米石内平粳米一項前因户部與直督咨報數目不符當經咨查户部嗣據咨覆所報米數係照直督原文覈算有無錯誤咨查直督徑行津糧經本部壽堂以該州丁書業已到津劄令各該廳局按照直督咨送原詳四千二百六十五石四斗五升三合九勺之數先行給發原期直隸咨覆文書到津查明前數如係錯誤再行補給現在直督尚未咨覆
陵寢米石攸關緊要未便令該州領米丁書在津守候應劄行直隸浙江各總局津坐糧廳將易州應領平粳米數仍按照户部咨報平粳米四千三百零五石四斗五升三合九勺之數撥給其是否多領四十石之處俟直隸總督報明後於來年應領米内分別扣算並咨户部直隸總督查照可也

五月初六日行　户部　直隸總督　津生粮廳　直隸
浙江總局

尚叅行事據駐壩委員稟稱第八起三十六號官剥劉起升在第八段沙果堤將頭艙梁板鋸落偷出漕米六斗零七十二號未滿堂七十五號趙有功七十六號謝毅均有鋸落艙板情形被巡段駐段各員查獲該運員加封現將各船户交小頭嚴行看管俟斛收有無短少再行稟報等情查剥船户中途舞弊已堪痛恨膽敢鋸艙竊米實屬藐法已極除已劄飭直隸總局俟該船户回津時嚴行覆訊從重懲辦並將該船户驅逐另募外相應移咨

貴部大臣轉飭查明該剥船抵通米石有無虧短按照例案分別嚴辦可也

五月初八日行

駐通驗米大臣
倉場部堂

為咨行事查各起剝船抵通短欠米石剝船賠交若干經記賠交若
干其經記查出剝船舞弊由船戶獨賠者若干前經移咨
貴部堂大臣將某起某船短米船名米數及經記剝船分賠獨賠各數分
晰造冊知照津轅以憑核辦在案迄今數月未據咨覆應再移咨
貴部堂大臣查照前咨將某起某船短米船名米數及經記剝船分賠獨
賠各數迅飭分晰開單知照津轅并將舞弊各船戶如何分別發落
緣由一一併知照津轅以憑查核並劄知駐壩委員通坐糧廳石壩州
判一體遵照可也

五月初八日行

為劄行事據江蘇海運局總辦候補同知李初圻禀稱據江蘇糧道家人吳積禀稱鹽運使銜蘇松督糧道書齡於五月初八日在差次接到家信現丁父憂合將督糧道關防一顆遵例封固送呈轉報等因具情轉禀前來查該省海運米石尚未全數收竣所有糧道關防應即劄委總辦局務之知府用江蘇候補同知李初圻暫行護理督辦該省交米事宜毋稍貽誤切切特劄

五月初八日劄

爲劄行事據經紀管松年李瑞春結稱拏獲九十六號船戶劉寬八十三號船戶懷德九十八號船戶尤大治九十四號船戶穆興全俱是揭封開艙等因查該經紀拏獲前項揭封開艙船戶曾否稟明押運委員以致有無捏飾情事應劄行肆經局將該起委員傳問明確並將該船戶劉寬等傳案研訊確情詳稟究辦各該船戶虧短米石究係若干一併開單呈核查核再剝船抵通均有短欠米石前經劄飭該局一俟各該起剝船回津將短米各船戶嚴訊詳辦現在回津剝船已有數起未據將各該船戶虧短緣由訊明詳覆殊屬延緩應一併劄飭該局迅將各起剝船米石如何虧短緣由嚴訊確情剋即詳辦以憑核辦仍將各該起船戶賠補米石數目據實開單呈核毋違切切特劄

五月初八日劄

為劄行事據駐道驗米大臣咨稱剝船虧短米石據各該委員稟稱
均係遵照經紀剝船各半分賠成案辦理等因相應抄錄原文劄行
直隸總局仰該道等即將通壩賠米實在情形取具各該起押運委
員切結暨各該剝船戶確供詳錄查辦並由該道傳知駐壩委員將
實在賠米情形據寔詳覆其各該起押運經紀如有應行質對之處
並仰該道等會同津坐糧廳傳案研訊確供取結詳轅如該道等有
心迴護含混詳覆本爵部堂定行親提嚴訊該道等務須認真查辦毋
稍遷就致干未便切切特劄

五月初九日劉

爲劄行事前經本爵部堂移咨駐通驗米大臣並劄飭通坐糧廳將騰出蘇袋挑選三四萬條委解米津裝載在後漕糧等因在案茲准駐通驗米大臣咨稱劄飭通坐糧廳及中西二倉監督速將騰出裝載白糧蘇袋即日照數押解赴津以便應用等因前來　查現在抵次漕糧業應驗收亟等蘇袋裝運相應劄飭通坐糧廳及中西二倉監督趕緊挑選押解米津以便裝運在後漕糧毋得稍遲致悮漕行切切速特劄

五月初十日劄

為劄查事照得本爵部堂駐劄津沽所有馹遞奏事等件理應迅速前
賫兵部由軍機處交發夾板一副於本月初九日申刻發戍時道經
河驛初十日寅時到河西驛查前兩次兵部所發夾板亦係申刻均
於丑刻抵河西驛此次因何延至寅刻始抵河西驛合亟劄飭通州
知州查明因何遲延緣由迅速詳覆核辦特劄

五月初十日劄

為劉行事據駐壩委員稟報八運運員林紹祺知會三十七號劉起
升七十二號朱滿堂七十五號趙有功七十六號謝發均有鋸落板
片偷米情形已會同生暎經紀代役拏獲均交小船須看守朱滿堂
於初七日黎明乘間脫逃又第九起運員蔣德懋知會五十二號王
自友五十九號張順六十號胡起龍六十一號朶為春六十二號劉
鳳鳴於初七日夜在石壩左右私開封條走開艙板有偷米情形均
已面稟倉場衙門審訊等因具稟前來查第八起劉起升等在途揭
封作弊未據該押運員弁稟報經本爵部堂劉飭該局將該員弁記過
一次並令該局傳諭各起押運員弁嗣後剝船查有舞弊情形一面
稟知該局一面稟報行轅在案今據駐壩委員稟報第九起船戶王
自友等在石壩左右有私開艙封等弊該起押運員弁何以不稟報
行轅殊屬不合應劉飭直隷總局將第九起押運員弁記過一次並

併諭八品頂弁及駐澳委員將看守未滿堂之小船頭嚴行看押仍
一面緝拏未滿堂到案具報駐通驗米大臣
倉場部堂聽候核辦切切特劄
五月初十日劄

爲劄查事接據石礪州判呈報封套二角內裝起米藍單三張於本月初十日未刻一同到轅查該州判封套坐日一係初八一係初九既係兩日所發因何同日到轅合亟劄飭石礪州判刻即查明緣由具詳申覆特劄

五月初十日劄

爲劄行事查剥船抵通虧短米石是否經紀剥船分賠抑係剥船獨
賠現經天津道委將各起押運文員詳細傳問取具甘結先行呈賫
核閱尚須核定所有各起押運武弁應劄天津鎮將通關賠米實在
情形逐一傳問明確取具切結詳據核辦毋稍含混切切特劄
五月初十日劄

爲劄咨行事查頭三四五六起押運委員均已先後到津銷差第二起押運委員陳克昌迄今尚未到津是否逗遛通壩津次現有應查之件以等該員赴轅問話相應移咨

貴部欽堂臣轉飭查明該委員陳克昌 如尚逗留在通即勒令該員於十五日以前回津銷差以憑問話並劄知直隸總局仰該道等迅即轉傳該員限十五日以前到津倘逾限不到定行查參決不寬貸

特劄

須至咨者

五月初十日行

驗米大臣

駐通倉場部堂

直隸總局候補道

天津道

飭繳行事據第八段並押運十起委員等將查獲船户摇艙偷米情
形稟報前來查該起押運委員丁加松張文傑將剥船摇封緣由一
經查出即行稟報辦理尚屬妥速均著記功一次至八段委員此次
會辦亦屬認真仰該局傳知該委員嗣後稽察一切果能始終奮勉
即將前次記過之案查銷應除劄知直隸總局遵照特外劄相應抄録原
稟移咨
貴大臣部堂查照可也
五月十一日行
駐通驗米大臣倉場部堂
直隸總局候補道天津道

為剝行事查剝船偷漏使水由經紀查出稟明有案虧短米石責令
剝船獨賠治剝船以應得之罪經紀並未查出或通同舞弊虧短米
石責令經紀剝船各半分賠各治以應得之罪虧短各船經紀祇查
出一船免其分賠一船所短米石以一船了一船之案不得因查出
一船其餘各船所短米石概免分賠其並無弊竇而米石交不足數
即係虧短究屬經紀承運不慎亦令經紀剝船各半分賠道光六年
上諭有案並經赴通驗米大臣倉場部堂兩次奏明在案乃各該起押運員弁回津稟
並二十八年奏奉
差本爵面詢通壩賠米實在情形據稱剝船獨賠經紀並未分賠初
五日劄飭米糧總腳傳到經紀帶赴會同查詢據李瑞春常松年稟
稱通壩所短米石係剝船獨賠經紀並未分賠當即飭令該廳取具
經紀甘結去後茲查米糧廳詳送經紀甘結僅稱短欠米石向該剝

船上搜出交卸究竟與初五日所稟各情大不相同顯有情弊應劄
飭天津府即將經紀李瑞春管松年傳案研訊在逃交米踏米實在
情形取具確供迅速詳覆以憑覈辦如有應行質對之處即將三四
兩起押運委員並踏米各船戶一併傳案質對該府接奉此劄務須
認真查訊毋稍含混徇隱致干未便切切特劄

五月十一日劄

為飭行事據護理天津鎮呈稱遵將奉派各起押剝差竣之武弁高
鍾洛等傳齊逐細查詢取具通壩賠米實在情形切結呈送前來查
各該弁結內未將在通領批因何出結緣由聲敘應將原結發還天
津鎮再行傳齊各該武弁將在通領批因何出具經紀剝船分賠切
結所具之結係為何人所使一併逐細開明於結內聲敘毋任稍涉
含混特飭

五月十一日飭

為劄飭行事查現在調到麻袋原期試辦裝運漕糧乃檢查各袋破爛居多且麻袋僅容平斛米一石不能裝洪斛一石每官剝船一隻例裝洪斛一百七十六石合平斛二百二十石今以麻袋裝米該剝船僅能裝一百二十餘石是以一船裝向來半船之米所得剝價較少恐該船戶不肯賠貲故未便令官剝裝運現選浙省上好之米以大號民船裝運二百二十石者一隻用麻袋剝運赴通相應移咨貴大臣部堂查照俟該剝船到通時查看米色有無發熱等情即行咨覆以憑核辦至調到麻袋既不能試用應飭津坐糧廳仍交原解各役齎回可也

五月十三日行

駐通驗米大臣
倉場部堂
津坐糧廳

為咨行事查剝船虧短米石前據

貴大臣
貴部堂咨稱劄飭駐壩委員及各起押運員弁會同通州知州遵照

章程分别追賠並聲明所短米石據各該委員禀稱均係遵照經紀

剝船各半分賠成案辦理等因當經本爵部堂以第二起押運委員陳

克昌尚未到津銷差移咨轉飭回津以憑訊詰在案茲於五月十三

日據該委員陳克昌到津銷差飭據天津道問取親供内稱船户欠

米全數買補經紀並未分賠前出經剝分賠禀結因號房來取甘結

因見通州高知州前昌平州鄧知州有會禀照案分賠字樣即照繕

呈送並稱前出禀結意欲取回更改託丁巡捕代求又通州派差一

層據稱小

欽差李言程河上平上聞需員帽行在此當差數日初八日奉扎接辦各

等語相應抄録該員親供由四百里飛咨

貴大臣部堂查照該員所具親供各情節將曾否飭令號房往取分賠甘結通州知州高牧前昌平州知州鄧牧如何會禀經劄分賠該員呈送通轅甘結曾否託丁巡捕代求取回更改該員留通當差是否貴處劄留抑係該員自行干求一併查明於文到三日內詳細聲覆現在海運米石將次報完並等來咨以憑核辦幸勿稍遲可也

五月十四日行

為劄行事據駐通驗米大臣咨稱前因經開盤驗委員曾晉勛經噸
天府咨請改派通州熟悉可委過閘二起押運委員陳克昌尚未回
津當即劄飭委員暫行前往接辦在案旋據該員因病請假自應另
行改派旋准咨覆該員開話除劄飭赴津外相應呈覆等因前來查
該員陳克昌在通奉劄派差之後因病請假該處另行改派以及通
堪劄飭該員赴津之處該員業遞親供內均未聲敘且通壩劄留該
員係五月初七日該員自供初八日稱差在倉遞驗米船上稟辭何
以通堪來文又稱旋據該員因病請假該員所遞親供顯有不實不
盡應劄行查照總局仰該道等再行劄取確供詳晰查核特劄

五月十四日劄

為牌傳事照得本爵畢節津沽所有一切公文經過地方驛站均宜迅速飛遞茲查有石隰州判公文二角坐日一係初八一係初九兩日所發均於初十日未刻接到查據呈覆起米藍單均係接趕遞日呈報未敢延誤恐驛站遲速不齊等因再本月初十日接兵部發遞火板一副查火票內載初九日申刻發戌時到潞河驛初十日寅刻始到河西驛當將遲延緣由劄令通州知州查明呈覆該州現未詳覆合亟牌傳沿途驛站州縣地方官查明前因係由何處遲誤緣由呈覆行轅核辦嗣後一切驛遞奏事公文等件務須隨到隨遞備再仍前遲誤定行嚴參不貸切切須牌

五月十五日

囑敘查事查二起押運委員陳克昌飭據天津道再行開取親供内
稱通州派差一曾五月初八日卑職因病就痊知是日驗米即赴
倉憲坐船稟辭彼時　倉憲同小
欽差商議裏河一時乏員援辦通卑職在旁經小
欽差奏以卑職差使完竣天津米又有限告知咨會天津暫留在平上閘
經理數日後劉調有人再行回去隨奉
欽
倉憲委劉前往盤驗通關米袋等語查該員在通領牌據供係四月二
十九日
欽差大臣進城據該員供係初一日該員初八日病痊在倉場部堂坐船
稟辭彼時倉憲始商議劉留何以劉行津津道留該員在通印文係
五月初七坐日查
欽差大臣前次函稱於初四日奏事初七日請假何以劉行天津道仍用

雙銜印文具咨起委員在通者尚多何以獨留該員再查既知該員
並未回津銷牌何以獨劄天津道一文而不及本爵更屬可疑此中
有無情弊難以懸斷相應由四百里飛咨
貴部大臣堂迅即查明咨覆以憑核辦可也
五月十五日行

為劄行事據駐壩委員許忠王福瀛稟稱竊知縣等蒙委駐壩向催
提重催空查驗封條稟報各起剝船短米數目並沈十家船戶押領
於駐通驗米大臣行轅當堂驗給剝價等事至船戶短欠應如何追
賠不由駐壩委員經理是以該船戶補交情形亦並不於駐壩處知
會前蒙 全憲劉飭知縣覽頭二三起運員等令經紀船戶分別賠
補查第一起吳永和短米十四石內有經紀賠交十二石其餘屢催
罔應均係剝船戶自行賠補且經紀係坐糧廳管轄昨又撥奉 全
憲劉飭會同通州高牧候補知州鄭牧查第一起至六起短米船名
經紀船戶分賠數目一併分晰開單稟獲等因知縣等擬將實情會
議定稿繕錄呈等因具稟前來查追賠短欠既知不由駐壩委員經
理何以並不稟明且又勒令押運委員出具經剝分賠各結是何緣
故並據二起委員等呈遞親供內稱駐壩委員曾經會稟經剝分賠

等語抑該委員據實稟復事關豪案不得含混倘有人授意或有勒
令等情均一一聲覆切速特劄除劄飭驗明委員外並移咨
貴大臣部堂轉飭迅速聲覆可也
五月十五日行

為咨行事查第一起船戶二十五號劉長春私揭封條第四起八十三號楨慶遠九十四號趙永九十六號劉寬九十八號孔文治私揭封條第五起二十三號藍起順四十三號展玉廷揭封偷米第八起六十三號劉起升七十二號朱滿堂七十五號趙有功七十六號謝發均係鋸艙偷米第九起五十二號王自友五十九號張順六十號胡起龍六十一號朱萬春六十二號劉鳳鳴均係私揭封條第十起柴君付私揭封條以上各船戶及前次
貴倉場部堂函稱舞弊使水各船戶膽敢將印封揭開並敢將印封艙板鋸落是非尋常偷竊漕糧可比若僅照從前枷責發落之案辦理不足以示懲創且自三年為始各船皆用印封較從前並無印封者有間相應移咨
貴大臣部堂將前項各船戶轉飭通州知州訊明情節分別加等治罪並

將如何經辦之處先行咨覆所有由通敕同各船戶以便一體遵照

辦理應事同一律業不兩歧其已經切責發落各船戶及此外舞弊

各船戶一併轉飭查明開單知照津轅以便核辦可也

五月十五日行

為咨行事前據駐埧委員稟稱第八起三十六號官剝剝起升在案
八段沙果堆將頭艙糧板鋸落偷出漕米六斗零七十二號朱滿堂
七十五號趙有功七十六號謝發均有鋸落艙板情形被巡段駐段
各員查獲該運員加封現將各船戶交小頭嚴行看管俟斛有無短
少再行稟報等情當經移咨
貴部大臣堂查明該起剝船抵通米石有無虧短按照剝案分別核辦在
案查該剝船戶胆敢鋸艙竊米藐法已極亟應從重問擬以示懲創
相應再行移咨
貴部大臣堂查明該剝船戶等虧短米石若干及現在如何辦理各緣由
迅速咨覆準轅以憑核辦可也

五月十五日行

為咨商事查駐壩委員向係派令在通提查催空查驗封條票籤會
起剝船短米數目並押令赴糧戕領剝價等事其經紀短欠米石如
何追賠向由坐粮廳及石壩州判辦理不由駐壩委員經理今蒙貴
處檄飭令辦理經紀剝船外船米石事宜該駐壩委員應如何認
真遵辦方期不負委任茲既因朦混具稟被叅在該員實屬不曉事
體咎無可辭究由本爵部堂派委不慎以致欺朦作弊今既並未會銜
叅奏是否應行付請處分之處現在毫無主見應移咨
貴大臣部堂指示可也
五月十五日行

駐通驗米大臣
倉場部堂

為咨行事據駐通驗米大臣咨稱前因駐閘監驗委員管晉勳經順
天府咨請改派通州興員可委適閘二起押運委員陳克昌尚未回
津當即飭派該員暫行前往接辦在案旋據該員因病請假自應另
行改派茲准咨調該員問話除札飭赴津外相應呈覆等因前來查
該員陳克昌在通奉劄派差之後因病請假該處另行改派以及通
壩劄飭該員赴津之處該員呈遞親供內均未聲叙且通壩劄留該
員係五月初七日該員自供初八日病痊在倉憲驗米船上稟辭何
以通壩來文又稱旋據該員因病請假該員所遞親供顯有不實不
盡當即劄仰天津道等再行問取確供詳轉查核去後旋據該道等
傳案查訊將該委員呈遞親供具詳前來查
貴處留該員在通劄行天津道即文係五月初七日坐日給付該員
之劄調取查驗亦係五月初七坐日而該員所供總以初八日稟辭

旗奉委劉衙調情節顯有不符應再抄錄原供移咨

貴部大臣堂詳查核辦可也

五月十六日行

經驗米大臣

通倉場部堂

為劉行事查二起押運委員陳克昌初次呈遞親供當經本部堂將
錄移咨駐通驗米大臣倉場部堂詳查聲覆去後茲據咨稱二起押
運委員陳克昌於四月二十八日親身赴轅領批當飭行轅聽差委
員傳諭該員將如何分賠之處據實稟復旋據該員親身赴轅呈遞
稟單據稱已令經剝運照成案各半分賠於二十八日交兌等因該
員如果在抱病昏迷之時安能兩次親身赴轅本部堂亦並未差號
房往取甘結且該員既將分賠稟明何必再令出結該員既經親身
赴轅傳諭稟復又何必再令號房前往至所稱托丁巡捕代求更改
等語當即傳訊委員丁崇雅據稟該員呈遞稟單之後並未托伊取
回更改請飭陳克昌來通面質等語至派委該員駐關盤驗差使緣
通州一時無員可派適陳克昌赴壩稟辭查歷屆向有天津委員留
通差委成案本部堂李　即面諭隨帶司員辦劄是日本部堂全

因病未能赴壩本部堂李　率同隨帶司員李明墀等赴壩驗米並
米與該員接談等因呈復查核並將各該員稟呈抄粘呈閱前來本
部堂查該委員陳克昌所遞親供與通州來文全不符合顯有捏飾
情事應劄直隸總局仰該道等按照來文所指各情再行問取該員
確供詳細查覈該再頭起三起押運委員前在通壩曾將經剝分賠緣
由與駐壩委員許忠王楨濂二起委員陳克昌會銜具稟何以各該
員前具切結未據聲敘並仰該道等一併傳詢詳覆所有通州來文
及粘抄稟呈一紙一併發交該道等查閱明確以憑傳訊再行題詳
呈繳可也

五月十七日劄

爲來行事擬驗米大臣倉場部堂咨稱剝船虧短米石向由坐糧廳追賠並壩

委員向來經理即石壩州判亦例無經營之責等因一節本爵部堂檢

查咸豐五年

貴大臣在津辦過成案剝船虧短米石應令經紀照例分賠劄飭通

坐糧廳石壩州判具文詳覆嗣因石壩州判以原欠浮欠藉詞搪塞■

又經

貴大臣嚴劄該州判明晰詳覆毋許含混該州判如無經管之責何

以咸豐五年

貴大臣屢次劄飭且咸豐六年

貴部堂李　會同驗米大臣恭奏附片內稱漕糧抵壩起運係石壩

州判專責等語均屬有案可稽本爵部堂於咨劄一切文移均照成案

斟酌辦理所有經剝分賠虧短米石該州判從前既已經管何獨於

本屆任其置身事外是否該州判藉口諉卸含混具禀抑或
貴大臣部堂未經查照成案辦理之處相應再行移咨
貴大臣部堂查明核覆可也

五月十八日行

駐通驗米大臣
倉場部堂

爲飭行事據駐壩委員及九十兩段委員稟稱十一運前半起第二
號官剝周順在桅梯上挖一方窩於九段溫家莊挈艙當交小頭看
守十五日晚間東關脫逃經卯員加封六條除稟報駐通驗米大臣
外俟斛收後有無虧少米石再爲稟報等情並據委員朱津等稟稱
十一運前半起九號官剝張祥十號孫肯升均揭艙偷米所挈米石
運該船戶一併交石壩州判看守等因查剝船中途膽敢挖窟揭艙
玩法已極應劄飭直隸總局即將十一前半起剝船戶周順張祥孫
肯升家屬驅逐另行招募外仍將在逃之第二號船戶周順轉飭九
段委員及該地方官嚴密查拏務獲究辦毋稍寬縱致干未便至該
船戶周順來閘脫逃該委員業已稟報本部堂該局詳文並未聲敘是
否該委員漏未稟報一併轉飭據實詳報並移咨
貴大臣部堂查明各該剝船米石有無短少將該船戶等按律從嚴懲辦

仍知照津海關查核可也
五月十九日行
駐通倉場部堂
驗米大臣
直隸總局
候補道
天津道

尚承行事據浙江糧道詳稱竊據分發山西補用同知直隸州知州
凌漢稟稱現年四十三歲係浙江山陰縣人由監生遵籌餉例報捐
同知指省分發山西試用咸豐五年十二月奉浙江海運省局派赴
天津勷辦上年兑務完竣赴部呈請分發六年七月初七日蒙吏部
帶領引
見本日奉
旨著照例發往欽此七月二十一日奉給執照因祖墳年久失修呈准回
籍給假一月修墓當即自京起程正限内沿途風水阻滞例得展限
兩月於十一月十四日到籍並未逾違業將回籍日期呈報詳咨嗣
假限將滿復奉浙江省局劄知辦理新運需員留派赴津勷理兑務
以資熟手俟交兑事竣由道詳請給咨赴晋等因又經詳咨吏部山
西撫院查照各在案是年十二月蒙前任浙江巡撫何　以上屆海

運出力保奏二十二日奉
旨著以直隸州知州歸候補班前儘先補用欽此七年正月二十三
日隨同糧道自浙起程馳抵天津在局當差現在海運漕糧驗收已
竣該丞並無經手未完事件稟乞轉詳給咨赴晉候補
情到道據此職道覆查無異相應詳請給發咨文俾得
祇領赴省並請咨明吏部備查詳請轉咨等因到本爵部堂據
此除咨明吏部外合行備文給發該員親賫赴省告投聽候貴撫部院查照辦理
備文給發該員親賫赴省告投聽候山西巡撫查照辦理外相應移咨貴部查照
可也

五月二十日行　吏部　山西巡撫

為咨行事查海運漕糧剝運赴通責成經紀承運承交一手經理遇有剝船漏偷使水由經紀查出稟明押運委員虧短米石責令剝船獨賠治剝船以應得之罪經紀並未查出或通同舞弊虧短米石責令經紀剝船各半分賠各治以應得之罪虧短各船經紀祗查出一船免其分賠一船所短之米不得因查出一船其餘各船概免分賠其並無弊竇而米石交不足數即係虧短究屬經紀承運不慎亦令經紀剝船各半分賠道光六年及二十八年奏奉

諭旨遵行在案本爵部堂抵津伊始即將分賠獨賠例案詳細申明並將經紀應領一半津貼等銀酌扣三分之一以為賠補地步於四月初五日移咨

貴部堂查照其剝船並無弊竇而米石交不足數亦照案飭令經紀剝船各半分賠之處於四月初九日咨行

貴處查照嗣於四月十三日接准咨稱劉飭坐糧廳照辦四月二十
二日
貴處初次具奏海運米石抵通開斛日期一摺並將前項分賠獨賠
及並無弊竇而米石交不足數者亦令各半分賠之案查照定章一
併另摺具奏五月初四日二次具奏南糧抵壩摺内亦將經紀剝船
分別賠補成案聲叙均經咨行到津在案唯接到來函内有短欠米
石先責剝船賠足再令經紀分賠之語是以函復咨詰嗣奉來函遵
壩辦理追賠米石均係責令經紀剝船各半分賠並無先令剝船賠
所短米石全數賠足再令經紀分賠之處是通壩追賠米石自係遵
照奏案一律辦理五月初一日本部堂劄飭通永道暨飭通州知州
將使水船戶嚴訊究辦並將前項分賠例案再行申明移咨飭辦互
月初四日又經申明例案移咨

貴處將剝船舞弊由剝船賠者若干分晰開單咨津查覈及撥[illegible]
各該起押運委牌批迴僅據批明短米如數追繳至某船短米若干
經剝分賠若干以及扣留剝價如何找給之處均未聲叙又於五月
初五日移咨轉飭查明開單知照津糧以憑查覈旋於五月初九日
准咨稱剝船虧短米石前經劄飭駐壩委員及各起押運員弁會同
通州知州遵照章程分別追賠扣留剝價亦由駐壩委員稟明某船頭
十船賠補足數即當堂給發並聲明所短米石據各該委員稟稱均
係遵照經紀剝船各半分賠成案辦理等因前來查通壩起卸漕糧
及追賠短欠米石向係通坐糧廳及石壩州判專管既據
貴處以短欠米石飭據駐壩委員及各該委員照分賠成案辦理爲
詞本部堂自應確切查明以憑覈辦除飭局傳知駐壩委員據實稟
復外隨飭傳問各起押運委員僉稱短欠米石經紀並未分賠其在

通稟領批出具分賠之稟僉稱係丁巡捕傳諭須照二起具稟給批
云云據實稟復並出具切結各一紙其二起押運委員初次呈遞親供
及二次呈遞親供始稱所具稟結求丁巡捕取回更改繼稱高郵兩
狀擬就分賠底稿自行稟復亦與駐壩委員會銜稟復其所具甘結
據稱丁巡捕云前已會稟分賠仍應照分賠具稟至詰以銷差因何
遲延未奉嚴劄調回問詰何以不即回津該員稟稱係 倉憲大人
因李司員面稟內河短人差委暫留在通劄委等語查該員親供內
所稱總知五月初八日 倉憲大人驗米是日在船稟辭之際始行
派委而
貴處劄行天津道文內係初七日坐日已屬不符且因文內係
欽差
驗米大臣全倉場部堂李會銜行兵部印文查
欽差大臣於初三日回京奏事初七日請假初八日並未在通何以會銜

劄飭更不相符當於十五日行文查覈並於中劄接
貴處來文劄飭該員陳克昌駐閘盤驗旋據該員因病請假更與該
員親供不符現經劄飭亢局問取確供再行知照外又第七起押運
委員於十四日回津銷差將經紀並未分賠
貴處隨員李司員三次勒令出具經紀分賠稟結緣由詳細具稟應
另行錄送查辦並傳問前六起經紀剝船僉供所短米石船戶獨賠
經紀並未分賠其通壩承運米石據經紀供稱是
欽差交給鄧大老爺轉交州裡又據剝船趙永供稱前被海運鎖押在下
處係在通州東門外横街關帝廟內就是經紀辦事公所各等語現
在本爵部堂連日查辦各情其中顯有情弊因案卷未齊尚未咨商茲
於十五日接到
貴大臣部堂來咨據坐糧廳等失察自行檢舉恭奏一摺甚覺駭異查坐

糧廳暨各委員失察之處本係分內應辦之事而所辦不實自係朦
蔽既云失察究係何人舞弊例應開參究辦既未將何人舞弊指明奏
聞知照前來本爵部堂實屬不解舞弊之人應請
貴部堂大臣指明示覆至津棧現已究出各情事關勒令盈出甘結並有
授意主使之人雖經參奏在前然本處所查各情亦不得中止再押
運委員除催趱稽察偷漏是其專責至賠米原非分內之事何以勒
令出具分賠之結亦殊不解本爵部堂不敢捕風捉影辦事亦不敢以
毫無根據率行入奏自蹈欺罔之罪不得不詳細查考相應將全案
咨明
貴部堂大臣請將原咨所行查辦如有應訊人證即由
貴處備文來津調取仍將如何查辦之處先行示覆事關奏案幸勿
稍遲再第七起經紀尚未到津合併咨明可也　五月十六日行

為咨行事據浙江糧道詳稱竊本年浙省奉撥易州白糯米一百四
十二石二斗一升六合八勺又隨撥經耗米二石五斗五升九合九
勺前因浙米未到易州丁書在津守候借撥江蘇省白糯先行照數
兌交茲查浙省糯米續行到津驗收運通前項借撥米石自應劃還
歸款理合備文詳請轉咨駐滬驗米大臣/倉場部堂在於浙省運抵通壩白糯
款內劃出正耗米一百四十二石二斗一升六合八勺又經耗米二
石五斗五升九合九勺撥歸蘇省原款等因前來相應知照
貴大臣/部堂查照辦理可也
五月二十日行

為剳行事所有前經記過之封艙記印委員邵對欣等七員並退查艙落押運各委員張爾音等几員並查各委員自記過後尚知奮勉應開準則前在課綱兩將各委員記過之案均予查銷特剳

五月二十一日剳

為劉行事據駁堪委員稟稱十一前半起運員馮鍼知會十六日夜間在擱棧前舁獲九號官剝張祥私揭艙封偷出米三口袋又十號張貴升揭封偷出米兩蓆簍兩蓆包等因查該船戶揭封偷米實屬玩法已極除飭丞劉前在該總局俟該船回津即將該船戶責革驅逐另募妥實船戶充當外並移飭駐通驗米大臣倉場部堂轉飭查明該剝船米石有無短少按律懲辦可也

五月二十二日劉

為咨行事准駐通驗米大臣咨稱劉船戶私揭艙封偷漏米石一案當
經劄行候補知州鄧牧等審擬詳覆茲據該牧等審明吳永和賈壽
短米劉起升等究取領米撕損封條各案定擬具詳前來所辦尚屬
允協除劄飭該牧等照詳辦理仍俟將九起十起之案辦結另詳並
劄行直隸總局將聞拏逃逸之魏滿堂轉飭楊村通判一律緝拏務
獲究辦外懇抄錄原詳咨明等因前來本爵部堂查發遣船戶似應抄
錄原詳移咨刑部是否業經知照在案來文未經敘及相應移行
貴大臣爵部堂查照核辦可也
五月二十二日咨

爲咨行事據浙江糧道詳報浙省海運漕糧驗兑完竣並送全完抵補冊摺内開未到萬福順一船計裝漕糧正耗米八百石經耗米十二石又滐萬大一船計裝白粳正耗米一千三百七十五石三斗八升九合三勺經耗米二十四石七斗五升七合白糯正耗米五百八十一石四斗九升四合二勺經耗米十石四斗六升六合九勺前兩船漕白糧米如續後到津請由天津道驗收剝運通倉除劃出白糯正耗經耗四百五十四石八斗三升八勺撥歸白糯本款外其原抵賞補之白粳閏續收漕白米石查照成案留抵來年新漕正額又據詳報籌備米一款照支給商耗米八十石外計應收米一千石業嘗驗收共先通交兑正耗花經耗米八百八十八石六斗三升七勺全數剝運耗羨作爲來歲新漕抵補失風缺斛等項之用其應支剝船食米十一石三斗六升九合三勺亦已如數給清各等因除由本部堂

具摺奏明外相應移咨户部暨駐通鹽茶大臣分場都堂查照可也

五月二十二日咨